Christian Seltmann Iris Hardt

# Auch Drachen
# können höflich sein

Für Uta und Inken
(C. S.)

In neuer Rechtschreibung

1. Auflage 2009

Text: Christian Seltmann
Illustrationen: Iris Hardt
Gesamtherstellung: Westermann Druck Zwickau GmbH
ISBN 978-3-401-09272-0

*www.arena-verlag.de*

Christian Seltmann Iris Hardt

# Auch Drachen können höflich sein

Ein Benimmbuch für kleine Drachen und Prinzessinnen

Arena

Der dicke, kleine Drache und die ganz blonde Prinzessin waren die besten Freunde. Die ganz blonde Prinzessin lebte in einem zauberhaften Schloss, wo sie in einem duftenden Bett schlief. Ganz in der Nähe wohnte der dicke, kleine Drache in einer warmen, muffigen Höhle.

Jeden Tag besuchten sie einander. Mal kam der dicke, kleine Drache ins zauberhafte Schloss, mal schaute die ganz blonde Prinzessin in der muffigen Höhle vorbei.
Sie spielten miteinander Ball, oder der dicke, kleine Drache bürstete das lange, ganz blonde Haar der wunderschönen blonden Prinzessin.
Manchmal machten sie sogar zusammen Musik.
Der dicke, kleine Drache packte dann sein Cello aus.
Und die ganz blonde Prinzessin spielte Querflöte.

Aber an manchen Tagen konnten sie sich nicht treffen.
Und zwar immer dann, wenn die ganz blonde Prinzessin
Kleider anprobieren musste.
Oder wenn der dicke, kleine Drache
einen Ritter erschrecken musste.
Dann schrieben sie einander lange Briefe.
Darin versicherten sie sich, wie gern
sie einander hatten.

Eines Tages kam die ganz blonde Prinzessin zur muffigen Höhle des dicken, kleinen Drachen. Sie war sehr aufgeregt. Die Hofschneider hatten der ganz blonden Prinzessin nämlich ein neues rosafarbenes Kleid genäht. Das wollte sie dem dicken, kleinen Drachen zeigen. „Schau mal, dicker, kleiner Drache, ich habe ein neues Kleid. Ist es nicht wunderschön?“

Der dicke, kleine Drache aber hatte einen bösen Schnupfen. Wenn Drachen einen Schnupfen haben, dann können sie nicht richtig schnauben. Und wenn Drachen nicht richtig schnauben können, dann werden sie furchtbar missmutig. Der schlecht gelaunte, dicke, kleine Drache sah sich das Kleid also nur ganz kurz an. Dann nieste er. Und schniefte. Die ganz blonde Prinzessin aber sagte nichts.

Der dicke, kleine Drache wiederum wartete.
Er wartete darauf, dass die ganz blonde Prinzessin „Gute Besserung!“ sagte. Oder wenigstens „Gesundheit!“. Doch das tat sie nicht. Die ganz blonde Prinzessin war viel zu gespannt, wie dem dicken, kleinen Drachen ihr neues Kleid gefallen würde: „Nun sag schon“, zappelte sie ungeduldig, „wie findest du mein neues Kleid? Ist es nicht wunderschön?“

Der dicke, kleine Drache aber war beleidigt, weil die ganz blonde Prinzessin nicht „Gute Besserung!“ gesagt hatte. Oder wenigstens „Gesundheit!“. Deshalb brummelte der dicke, kleine Drache nur: „Es ist ein rosa Kleid. Du hast doch schon 124 rosafarbene Kleider.“
Er war wirklich SEHR schlecht gelaunt.

Die ganz blonde Prinzessin rief entrüstet: „Nein, nein, dicker, kleiner Drache, das ist nicht wahr! Das ist ein ganz anderes Rosa als bei meinen übrigen 124 rosafarbenen Kleidern.“

„Hmmmm“, brummte der dicke, kleine Drache schnupfig, denn er mochte eigentlich keine Kleider, jedenfalls nicht, wenn sie nicht so schön grün wie sein eigenes Schuppenkleid waren.

„Komm, ich beweise es dir“, rief die ganz blonde Prinzessin und schleppte den dicken, kleinen Drachen ins Schloss zu ihrem Kleiderschrank.

Der sogenannte Kleiderschrank war in Wahrheit so groß wie mehrere Zimmer. Auch einen mittelgroßen Ballsaal benutzte die ganz blonde Prinzessin für ihre Kleider.
Die ganz blonde Prinzessin öffnete die erste Schranktür. Sie zeigte auf eine ganze Reihe rosafarbener Kleider: „Hier! Meine Kleider. Sieh selbst.“

Der sehr schlecht gelaunte, dicke, kleine Drache nieste. Und wieder sagte die ganz blonde Prinzessin weder „Gute Besserung!“ noch „Gesundheit!“. Die ganz blonde Prinzessin holte das erste rosafarbene Kleid aus dem Schrank und hielt es dem dicken, kleinen Drachen hin: „Das ist altrosa.“ Dann zeigt sie ihm das zweite rosafarbene Kleid: „Das ist himbeerfarben.“ Und dann das dritte: „Das ist fliederfarben.“
Der dicke, kleine Drache aber langweilte sich. Als die ganz blonde Prinzessin beim 78. rosafarbenen Kleid angekommen war, sagte der dicke, kleine Drache mürrisch: „Deine Kleider sind mir völlig egal.“ Und damit flog er geradewegs zum offenen Fenster hinaus.

Die ganz blonde Prinzessin hörte nur noch das Rauschen seiner Drachenflügel im Wind.
Einfach so davonzufliegen! Das war nicht nett von dem dicken, kleinen Drachen.
Und er hatte das neue Kleid der ganz blonden Prinzessin nicht gebührend gelobt. Das machte die ganz blonde Prinzessin furchtbar wütend.
Ihre Diener schrie sie an.
Mit ihren Kammerzofen wollte sie nicht reden.
Sie mochte niemanden mehr sehen.
Aber sobald die ganz blonde Prinzessin allein in ihrem duftenden Bett lag, weinte sie ein paar leise Tränen.

Der dicke, kleine Drache lag unterdessen missmutig in seiner Höhle und schnaubte traurig die Wände an. Die ganz blonde Prinzessin hatte nicht „Gesundheit!“ oder „Gute Besserung!“ gesagt, als der dicke, kleine Drache geniest hatte. Das war nicht nett von der ganz blonden Prinzessin!
Der dicke, kleine Drache schnaubte so lange, bis alle Wände ganz schwarz vom Ruß waren. Drei Tage lang, und schließlich war sein Ärger verraucht.

Als die ganz blonde Prinzessin
drei Tage hintereinander geweint hatte,
waren keine Tränen mehr da. Und auch ihr Zorn
auf den dicken, kleinen Drachen war verflogen.
Nun vermissten sie einander fürchterlich.

Der dicke, kleine Drache machte sich auf den Weg
zum Schloss der ganz blonden Prinzessin.
Und die ganz blonde Prinzessin wollte zur muffigen,
warmen Höhle des dicken, kleinen Drachen.

Sie trafen sich auf der Hälfte des Weges in der Mitte
zwischen Schloss und Höhle. Da saßen sie nun
und wussten nicht, was sie tun sollten.
Die ganz blonde Prinzessin begann schließlich zu
sprechen: „Hallo, dicker, kleiner Drache“, sagte sie.
„Hallo, ganz blonde Prinzessin“, antwortete der dicke,
kleine Drache. Aber dann wussten sie nicht weiter.
„Lass uns reden“, schlug die ganz blonde Prinzessin vor.
„Gut“, stimmte der dicke, kleine Drache zu.

Die ganz blonde Prinzessin fing an: „Ich wollte dir mein
neues Kleid zeigen. Und du hast es einfach nicht beachtet.
Das hat mich wütend gemacht.“
Der dicke, kleine Drache sagte: „Ich habe geniest.
Und du hast nicht ‚Gute Besserung!‘ gesagt. Oder
wenigstens ‚Gesundheit!‘. Das hat mich wütend gemacht.“
„Aber ich war so aufgeregt. Wegen des neuen Kleids“,
erklärte die ganz blonde Prinzessin.
„Und ich“, meinte der dicke, kleine Drache,
„ich war erkältet.“
Darüber dachten die beiden eine Weile nach.

Der dicke, kleine Drache sagte schließlich: „Es tut mir leid.“
Die ganz blonde Prinzessin musste lachen: „Mir tut es auch leid.“
„Dein Kleid steht dir gut“, sagte der dicke, kleine Drache.
„Und ist dein Schnupfen nun weg?“, fragte die ganz blonde Prinzessin.
Der dicke, kleine Drache nickte und schnaubte ein kleines Flämmchen.
„Alles wieder gut.“

Dann fielen sie einander in die Arme.
„Wie blöd wir waren!“, sagte die ganz blonde Prinzessin.
„Schrecklich blöd“, gab der dicke, kleine Drache zu.
„Schwamm drüber!“, rief die ganz blonde Prinzessin.
„Ja! Schwamm drüber!“, jubelte der dicke, kleine Drache.
Und sie tanzten im Kreis herum und riefen immer wieder:
„Schwamm drüber! Schwamm drüber! Schwamm drüber!“

Und von da an stritten sie sich nie mehr – jedenfalls fast nie mehr.
Aber wenn die ganz blonde Prinzessin und der dicke, kleine Drache doch einmal böse aufeinander waren, dann erinnerten sie sich an diese Geschichte und wie sehr sie einander vermisst hatten und riefen schnell „Schwamm drüber!“.
Dann vertrugen sie sich gleich wieder.

# Spielregeln zum Benimm-Quartett

* Für zwei bis vier Spieler
* Mit 32 Karten in acht Farben – das sind acht Quartette.
* Ziel des Spiels ist es, möglichst viele Quartette zu sammeln.

Die Karten werden gut gemischt.
Alle Mitspieler bekommen gleich viele Karten: Bei zwei Spielern bekommt jeder 10 Karten, bei drei oder vier Spielern jeder acht.
Die restlichen Karten werden als Zugstapel verdeckt auf den Tisch gelegt.

Wer links vom Kartengeber sitzt, fängt an. Er darf einen Mitspieler nach einer Karte fragen, die ihm zum Bilden eines Quartetts fehlt.
Der Fragende muss mindestens eine Karte des betreffenden Quartetts schon besitzen.

Bekommt er die Karte, kann er weiterfragen. Wenn nicht, darf er eine Karte vom Nachzugstapel nehmen – und der zuletzt Gefragte ist dran und darf seine Mitspieler nach fehlenden Karten fragen.
Wer ein Quartett vervollständigt hat, legt die vier Karten vor sich ab.
Nun darf sein linker Nachbar spielen.

Sieger ist, wer am Ende des Spiels die meisten Quartette vor sich liegen hat.

Viel Spaß beim Spielen!